Dieu expliqué
à mes petits-enfants

DANS LA MÊME COLLECTION

Tahar Ben Jelloun
Le Racisme expliqué à ma fille
1998, nouvelle édition 1999

Régis Debray
La République expliquée à ma fille
1998

Max Gallo
L'Amour de la France expliqué à mon fils
1999

Sami Naïr
L'Immigration expliquée à ma fille
1999

Jacques Duquesne

Dieu expliqué à mes petits-enfants

Éditions du Seuil

ISBN 2-02-035761-5

© Éditions du Seuil, avril 1999

Le Code de la propriété intellectuelle interdit les copies ou reproductions destinées à une utilisation collective. Toute représentation ou reproduction intégrale ou partielle faite par quelque procédé que ce soit, sans le consentement de l'auteur ou de ses ayants cause, est illicite et constitue une contrefaçon sanctionnée par les articles L. 335-2 et suivants du Code de la propriété intellectuelle.

*A Fabien et Marion, mes interlocuteurs,
mais aussi à Tristan et Alexis.*

– *Pourquoi Dieu a-t-il créé le ciel et la terre ?*
– Vous croyez que c'est par là qu'il faut commencer ?
– *Oui. Ça ne te plaît pas, comme question ?*
– Ce n'est pas cela. Mais il y a quelque chose qui me chiffonne, qui m'ennuie.
– *Déjà !*
– Je voudrais seulement savoir de quel ciel vous voulez parler.
– *Du ciel de Dieu, bien sûr. Quand on parle de Dieu, on parle toujours du ciel en même temps. On dit que Jésus est monté au ciel et que les morts y vont. Et dans les prières, ou les chansons, on parle aussi du ciel.*
– C'est pour cela que votre question m'ennuyait. Parce qu'il ne faut pas croire que Dieu habite dans le ciel, qu'il se cache très loin sur une autre planète ou bien je ne sais où…
– *Pourquoi les religions parlent-elles toujours du ciel, alors ? J'ai un copain arabe, un musulman. Il croit aussi que Dieu est au ciel. Pour lui, Dieu s'appelle Allah, mais il est au ciel. Et l'autre jour, j'ai entendu Johnny Hallyday à la télé. Il parlait d'un copain à lui qui est mort. Et il disait : « S'il nous voit de là-haut… »*
– Bon. Mettez-vous à la place des premiers hommes…
– *Adam et Ève ? Pour eux, c'était facile, puisqu'ils avaient rencontré Dieu.*

– L'histoire d'Adam et Ève a été écrite bien longtemps après l'apparition des premiers hommes. Elle ne raconte pas ce qui s'est passé réellement. C'est comme une sorte de fable ou de conte…

– *C'est de la blague, alors ? Un mensonge ?*

– Attendez, vous allez trop vite. Prenez par exemple une fable de La Fontaine. Tiens, je vous laisse le choix…

– *Ben… « Perrette et le pot au lait ».*

– L'histoire de la fermière qui rêvait à tout ce qu'elle allait pouvoir acheter en vendant son lait ? Si vous voulez. Quand vous lisez cette fable, vous ne croyez pas que l'histoire qu'elle raconte s'est passée comme cela. Mais cette fable vous dit que certaines personnes ont le même caractère que Perrette : elles rêvent, elles se font des illusions, elles croient qu'elles vont pouvoir réaliser n'importe quoi, et ainsi de suite. C'est la seule chose importante. Eh bien, dans l'histoire d'Adam et Ève, la chose importante c'est que Dieu a créé le monde, deux sexes, et ainsi de suite. Quand je lis cette histoire, je dois penser : cela ne s'est pas passé exactement comme cela, mais voilà ce que cela veut dire. Les gens savants appellent cela un mythe. Bon. Je voudrais bien revenir à cette histoire de ciel. Je vous parlais des premiers hommes.

– *Attends. Si l'histoire d'Adam et Ève n'est pas vraie, les Évangiles alors, ce sont aussi des… comment tu dis déjà ?*

– Des mythes ? Non. C'est plus compliqué que cela. D'abord, les Évangiles ont été écrits des siècles après l'histoire d'Adam et Ève. Pendant tout ce temps-là, le monde avait changé, les gens aussi. Mais si vous voulez bien, on en reparlera plus tard. Je reviens à cette histoire de ciel.

– *Puisque tu y tiens…*

– J'y tiens parce que bien des gens se trompent à ce sujet. A commencer par vous, peut-être. Donc, Dieu n'habite pas au ciel. Mais les premiers hommes qui se sont mis à croire qu'il existait des dieux, ou un seul Dieu, se demandaient où ces dieux pouvaient bien se cacher puisqu'ils ne les voyaient jamais. Certains l'imaginaient, ou les imaginaient, dans les arbres, au fond de la mer, au sommet des montagnes. Mais on pouvait fendre les arbres jusqu'au cœur ou monter jusqu'à la pointe des montagnes, on ne voyait rien. Or, il y avait un endroit où les hommes ne pouvaient pas aller, où ils ne pouvaient pas savoir ce qui se passait, c'était le ciel. Ils ont donc pensé que les dieux se cachaient là. Et puis, ils voyaient bien que la chaleur ou le froid, le jour ou la nuit, toutes ces choses qui ont tant d'importance, venaient du ciel. Ils ont donc pensé que les dieux, ou le seul Dieu, étaient là-haut, où ils décidaient de la pluie et du beau temps…

– *Il y a encore des gens qui le croient. Ils font même des prières pour qu'il fasse beau ou qu'il pleuve sur les jardins ou les champs.*

– A mon avis, ils se trompent. Mais de cela aussi on reparlera.

– *On reparlera de beaucoup de choses, si ça continue.*

– Oui. Parce qu'on ne peut pas tout dire à la fois. Et pourtant, tout se tient. Tout est lié. C'est comme un nœud qui rassemblerait beaucoup de ficelles. Il existe un seul nœud, mais pour comprendre comment il est fait, il faut tirer une ficelle à la fois.

– *Et toi, tu en étais à la ficelle qui dit que Dieu n'est pas au ciel.*

– Bravo. Tu as tout compris. Donc, si on mettait au point de formidables fusées intersidérales, des vaisseaux qui naviguent d'une étoile à l'autre comme on en voit dans certains films, eh bien, les hommes qui se promèneraient ainsi à travers l'univers n'auraient aucune chance de se trouver un jour face à face avec Dieu, de le croiser en train de se promener comme une fusée. Figurez-vous que le premier homme qui est parti dans l'espace, un Russe nommé Gagarine...

– *C'était quand ?*

– En 1961. Eh bien, en revenant sur terre, ce Russe, qui ne croyait pas en Dieu, a dit en plaisantant quelque chose comme ça : « La preuve que Dieu n'existe pas, c'est que je ne l'ai pas rencontré. »

– *C'était une bêtise, alors.*

– Oui. Mais il répétait ce qu'on lui avait appris.

– *N'empêche qu'à la télé, quand le pape se met à prier, quand il dit « Notre Père » ou « Dieu éternel et tout-puissant », ou des paroles dans ce genre-là, il regarde en l'air.*

– Et que voit-il ?

– *Ben, je ne sais pas. Le ciel. Ou bien le plafond de l'église. Ou bien ces grandes toiles qu'ils tendent au-dessus de lui quand il est dans un stade, en voyage.*

– Bien sûr. Il ne voit pas Dieu. S'il regarde en l'air, c'est par habitude. Une habitude qui existe depuis des siècles et des siècles. On appelle ça un rite. Dans toutes les religions, il existe beaucoup de rites : par exemple, les musulmans se prosternent, les chrétiens font des signes de croix. Et ce ne sont pas seulement des habitudes. Tous ces rites ont un sens. Si le pasteur, ou le prêtre, ou je ne sais qui, regarde en l'air pour prier Dieu, cela signifie aussi que Dieu est grand, très grand.

– *Pas un géant...*

– Mais non, vous le savez bien. On ne peut pas mesurer Dieu avec des centimètres.

– *Alors, quand on dit que quelqu'un est au ciel...*

– On veut dire qu'il est près de Dieu, dans l'amour de Dieu.

– *Comme un bébé bien au chaud dans le ventre de sa mère.*

– Si tu veux. Il y a quand même une énorme différence. C'est que le bébé se trouve très bien dans ce ventre et sa mère l'aime déjà, mais lui, il n'en sait rien. Tandis que celui qui est près de Dieu le sait. Il a rencontré Dieu.

– *Et nous, on ne peut pas le rencontrer. Ce n'est pas normal cela.*

– On en reparlera aussi.

– *C'est encore une ficelle ? Moi, ça m'ennuie quand même. Parce que quelqu'un qui existe, on peut le rencontrer. Quelqu'un que personne ne peut jamais rencontrer, c'est qu'il n'existe pas.*

– Tu as raison. Mais on peut rencontrer Dieu. Pas pour lui serrer la main ou l'embrasser en lui disant : « Salut. Comment ça va ? Toujours la forme ? » Pas comme cela. Mais autrement. Il y a bien des façons de le rencontrer. J'y reviendrai.

Mais je n'ai toujours pas commencé à répondre à votre question : pourquoi Dieu a-t-il créé le ciel et la terre ? Je vais essayer. En précisant bien que, lorsqu'on parle du ciel, il faut comprendre tout ce qui existe hors de la terre : les étoiles, les autres planètes…

– *Les galaxies, tout cela, oui.*

– L'univers en somme.

– *Et même les autres univers. J'ai entendu à la télé qu'il en existait peut-être d'autres, très loin, très loin. Alors pourquoi Dieu a-t-il créé tout cela ?*

– Figurez-vous qu'un grand philosophe allemand, un homme qui réfléchissait au sens de la vie, qui essayait de s'expliquer le monde…

– *Il avait du courage !*

– Oui. Mais c'est intéressant. Si on n'essaie pas

de comprendre le monde dans lequel on vit, on est comme un animal. Un animal, ça peut être gentil ou féroce, ça sait où trouver à manger, ça peut souffrir, ça peut paraître heureux et ronronner de plaisir, mais ça ne comprend pas grand-chose au monde. Un animal ne se demande même pas pourquoi il existe. Il existe, c'est tout. Et un animal – un chat, un chien, un lion – ne sait même pas qu'il va mourir un jour. C'est la grande différence entre l'homme et l'animal : l'homme sait qu'il va mourir un jour.

– *Ce n'est pas tellement gai. Revenons plutôt à ton Allemand.*

– Bon. Ce philosophe allemand, donc, avait posé une question qui ressemble beaucoup à la vôtre. Il demandait : pourquoi existe-t-il quelque chose plutôt que rien ?

– *Vraiment rien ?*

– Oui, pas de terre, pas d'univers, rien.

– *Le vide alors.*

– Oui, mais le vide, c'est déjà quelque chose. Si l'on dit qu'un verre est vide, il y a pourtant quelque chose autour du vide : le verre justement. Et quelque chose aussi dans le verre : de l'air. Mais vous savez qu'on peut fabriquer du vrai vide, sans air, sans rien du tout. Il existe des machines à fabriquer du vide. Mais il y a toujours quelque chose autour du vide, pour le protéger. Le vide n'existe que parce qu'il y a quelque chose autour. Tandis que rien, c'est rien, rien du tout. Il n'y a rien autour de rien.

– *Ce n'est pas possible.*

– C'est difficile à imaginer, en effet. Mais ce serait possible. Et la question de cet Allemand reste bonne : pourquoi existe-t-il quelque chose ? On peut répondre de deux manières. On peut dire : quelqu'un l'a voulu. Ou bien : c'est par hasard.

– *Par hasard ?*

– Oui. On pourrait dire que si quelque chose existe, c'est par hasard, sans que rien ne soit prévu, organisé à l'avance. Que la terre existe par hasard, qu'elle tourne par hasard, et ainsi de suite. Bien des gens le pensent. Et les savants réfléchissent beaucoup là-dessus.

– *C'est difficile à croire, cette histoire de hasard.*

– Tu as raison. Parce que le hasard lui-même est déjà quelque chose.

– *Ce n'est pas le rien dont parlait ton Allemand.*

– Oui. Le hasard est quelque chose et c'est le résultat de quelque chose. Tous les hasards, tout ce que nous appelons le hasard, n'existent que parce qu'il y avait quelque chose auparavant. Si je rencontre quelqu'un par hasard, c'est que nous existons, lui et moi. Et ainsi de suite. Ce qui paraît évident, c'est que le hasard (ce que nous appelons le hasard) peut détruire, transformer, faire naître des choses, mais il ne le fait jamais à partir de rien.

– *On pourrait même se demander pourquoi le hasard existe, plutôt que rien.*

– Tout à fait. Mais si l'on continuait ainsi, on n'en finirait pas.

– *Donc, s'il existe quelque chose, c'est que quelqu'un l'a voulu. C'est ce que disent les savants, ceux qui cherchent à savoir comment les choses ont commencé à exister ?*

– Non. Les savants disent qu'ils n'ont pas de vraie réponse à cette question. Parce qu'ils n'ont pas la preuve que quelqu'un l'a voulu. Ils commencent seulement à savoir ce qui s'est passé depuis quinze milliards d'années.

– *Pourquoi quinze milliards d'années et pas plus ? Ou pas moins ?*

– Eh là ! Moi, je ne suis pas un savant. Mais, vous le savez bien, ils disposent d'appareils très perfectionnés qui permettent de savoir un certain nombre de choses qui se sont passées il y a très longtemps.

– *Des machines à remonter le temps comme j'en ai vu dans un film ?*

– En tout cas, des machines qui permettent d'entendre des bruits qui ont retenti dans l'univers, il y a très longtemps. Donc, les savants disent que s'est produit il y a quinze milliards d'années (un peu plus ou un peu moins ; à ce niveau-là, ce n'est pas la question) un événement considérable qu'ils appellent le Big-Bang.

– *Cela, j'en ai déjà entendu parler. Mais je ne sais pas ce que c'est exactement. C'est la création du monde ?*

– Non, ce n'est pas la création. D'abord, on est certain qu'il existait déjà quelque chose avant le Big-Bang. Mais on ne sait pas quoi. Le Big-Bang, c'est le début de notre univers à nous, le début du monde que nous connaissons et que nous explorons, ou que nous essayons d'explorer.

– *Ça s'est passé comment, le Big-Bang ?*

– Une formidable explosion. A une température formidable. Peut-être 10 000 milliards de degrés. Pire que la matière brûlante qui sort d'un volcan. Et c'est une matière chaotique, une grande pagaille si vous préférez. Et après cette explosion, cette matière va se refroidir…

– *Heureusement pour nous !*

– … et s'organiser. Dans le genre minuscule, elle va s'organiser en atomes. Dans le genre immense, elle va s'organiser en étoiles et en galaxies. Et puis, il y a environ quatre milliards d'années, une sorte d'anneau va se constituer autour de l'une de ces étoiles, le soleil.

– *Notre soleil ?*

– Oui. Donc, un anneau se forme autour du soleil, avec des gaz, des poussières, des bouts de matière. Ils se transformeront en planètes. Notre terre est l'une de ces planètes. Elle n'est pas trop près du soleil, ni trop loin, ce qui lui permet d'avoir une bonne température, de garder son eau liquide – autrement, l'eau s'évaporerait ou se gèlerait, on ne pourrait pas vivre. Et puis, la terre tourne juste à la vitesse qu'il faut. Elle retient donc autour d'elle des gaz qui nous permettent de vivre, c'est ce que l'on appelle l'atmosphère. Et sur notre planète, les atomes s'associent pour former des molécules, quelques molécules s'associent pour former une cellule – une cellule, c'est un petit ensemble de molécules, qui est animé par cette chose extraordinaire qu'on appelle la vie. Certaines de ces cellules vont encore s'associer pour former des végétaux, des plantes. D'autres s'associent pour former de tout petits animaux...

– *Des microbes ?*

– Par exemple. Puis de plus grands animaux : des poissons, des singes...

– *des dinosaures...*

– ... des dinosaures, des singes et finalement l'homme. Qui était d'abord un animal. Et qui est devenu il y a environ cent mille ans ce qu'on appelle l'« homo sapiens », c'est-à-dire un animal qui sait qu'il va mourir...

– *Ça te reprend.*

– C'est comme cela. Cet être-là était déjà capable de construire des objets, de s'organiser pour trouver à manger, chasser d'autres animaux. Au début, d'après les savants qui étudient les premiers hommes, ce qui a vraiment fait la différence entre ceux-ci et leurs cousins les animaux...

– *Les singes ?*

– Par exemple. Ce qui a fait la différence, c'est que les hommes ont commencé à enterrer leurs morts, à les placer sous des pierres...

— *Comme aujourd'hui ?*
— A peu près.
— *Mais tu n'es pas gai à toujours parler de la mort.*
— D'abord, je ne parle pas toujours de la mort, loin de là ! C'est la deuxième fois. Ensuite, je voulais vous dire que cette histoire d'enterrement, c'était vraiment le début de la différence. Celle-ci n'a cessé d'augmenter puisque maintenant l'homme sait construire des routes, des ponts, des ordinateurs, des téléphones portables, des game-boy.
— *On a lâché le peloton des animaux, comme un champion cycliste qui s'échappe dans une course.*
— Tout à fait.
— *Bon. Mais tu disais qu'au début...*
— Au moment du Big-Bang ?
— *Oui. Tu disais qu'il n'y avait que de la matière, sans forme. Et tout ça se transforme pour arriver à l'homme.*
— Oui. On est passé de la pagaille la plus formidable à quelque chose de très organisé. Un cerveau humain, ou même l'œil d'une mouche, c'est très organisé.
— *Il fallait bien que quelqu'un ait arrangé tout cela. Ça n'aurait pas pu arriver par hasard. Il y aurait eu une chance sur... sur un milliard peut-être pour que ce soit le hasard.*
— Ou même plusieurs milliards, on ne peut pas le savoir.
— *Donc, si nous existons, si nous sommes en train de te parler, là, c'est parce qu'il y a eu des milliards de hasards qui se sont succédé les uns les autres. C'est ce qu'ils disent, les savants ?*
— Ils ne disent pas cela. Ils disent qu'ils ne savent pas. Ils peuvent constater que ça s'est passé comme cela. Mais ils ne savent pas pourquoi cela s'est passé

comme cela. Ils ont compris, non sans peine, parce qu'ils cherchaient depuis des siècles, que le monde n'avait pas toujours existé, qu'il est toujours en train de changer (par exemple, les galaxies s'éloignent les unes des autres, les montagnes sont usées par la neige et la pluie, et ainsi de suite) et que tout est toujours plus organisé. La preuve : notre corps nous permet de faire bien plus de mouvements que celui du poisson, qui a été un jour notre ancêtre.

– *Nous pouvons même nager comme les poissons, tandis que les poissons ne peuvent pas faire ce que nous faisons. Tu imagines un poisson faisant du ski ou jouant au foot…*

– Toi, tu t'amuses bien avec cette comparaison. Mais tu n'as raison qu'en partie. Parce que tu ne pourrais pas rester longtemps sous l'eau, comme un poisson.

– *Ni m'enrouler autour d'un arbre comme un serpent.*

– Bon. Ce que je voulais dire, c'est que l'espèce humaine a fait d'énormes progrès, et que les savants qui étudient son évolution depuis les hommes préhistoriques le constatent. Par exemple, notre cerveau peut faire des calculs, avoir des idées que les premiers hommes étaient bien incapables d'imaginer parce que leur cerveau était plus réduit. Voilà ce que peuvent dire les savants. Mais ils ne peuvent pas dire pourquoi. Ils ne peuvent pas dire qu'il y a un Dieu, une superpuissance, qui a voulu tout cela, qui a dirigé toutes ces opérations.

– *Pourquoi ?*

– Parce qu'il n'y a rien qui le prouve, je le répète.

– *Et toi, tu crois qu'il y a un Dieu ?*

– Oui, je le crois. Je crois que c'est la seule explication de l'existence du monde et du passage de la pagaille du début à l'organisation d'aujourd'hui, à toute cette formidable organisation de la nature, des corps, de l'univers. Cela n'existe que parce que quelqu'un l'a voulu. Mais parfois aussi, je n'en suis pas certain, je doute.

– *Toi, tu doutes ?*

– Ça m'arrive. C'est normal. C'est même bon.

– *C'est bon ?*

– C'est bon parce que ça fait réfléchir. On a toujours besoin de réfléchir pour progresser, même quand on est âgé. A mon avis, la croyance (ce qu'on appelle la foi), la croyance et le doute vont ensemble. Parfois on croit, parfois on doute. Et parfois on croit et on doute en même temps. Tenez, je vais vous raconter une histoire. C'est une histoire chrétienne, mais je pense qu'elle pourrait être racontée avec d'autres détails dans toutes les croyances.

– *Tu veux dire : les musulmans ou d'autres religions ?*

– Oui. Cette histoire chrétienne, on la trouve dans l'Évangile. Vous savez ce qui est arrivé à Jésus ?

– *Oui, un peu.*

– On y reviendra plus longuement.

– *C'est ton refrain : on y reviendra, on y reviendra. C'est comme « On a gagné ! On a gagné ! ».*

– Pour le moment, je voudrais insister sur un point. Vous savez au moins, je pense, que Jésus a été condamné à mort et crucifié, qu'il est mort sur la croix.

– *Bien sûr. Pour qui tu nous prends ?*

– Bon. Donc, les compagnons de Jésus étaient catastrophés. Vous vous rendez compte : ils avaient pensé, au début, qu'il allait devenir roi de son pays, la Palestine, qu'il allait chasser les Romains qui occupaient ce pays, et ainsi de suite. Et voilà qu'il est mort. Pour eux, c'est un échec total, le désespoir. Certains se cachent parce qu'ils ont peur. Ils se disent qu'on va les arrêter, les emprisonner, peut-être les tuer aussi, je ne sais pas. Deux d'entre eux, qui étaient venus à Jérusalem avec Jésus, étaient originaires d'un petit village appelé Emmaüs, pas très loin de là. Ils décident donc de rentrer chez eux. Ils sont désespérés, je vous le rappelle. Et voilà qu'ils rencontrent en chemin un personnage qui fait route avec eux. Ils discutent. Ils parlent des événements et, comme ils en ont gros sur le cœur, comme on dit, ils ne lui cachent pas leur peine. Ce qu'il leur dit, lui, on ne le sait pas exactement, l'histoire ne le dit pas. Mais il leur cite des textes de la Bible, il les explique.

– *Attends. Tu parles de la Bible. Mais j'ai une copine juive qui prétend que les juifs et les chrétiens n'ont pas la même Bible.*

– Elle a raison. La Bible, c'est un très gros bouquin qui rassemble toute une série de livres. Comme une bibliothèque presque. La plupart de ces livres ont été écrits avant Jésus. L'histoire d'Adam et Ève par exemple, dont nous parlions tout à l'heure, fait partie d'un livre qu'on appelle la Genèse. D'autres livres rassemblent les textes des prophètes…

– *Des gens qui annonçaient l'avenir…*

– Non. Un prophète, c'est un porte-parole de Dieu. Qui dit au peuple juif : voilà ce que Dieu veut vous faire savoir, conduisez-vous comme ceci et pas comme cela, faites le bien, etc.

– *Comment peut-il savoir ce que Dieu veut, ce prophète ?*

– On dit qu'il est inspiré par Dieu. C'est comme le porte-parole du président de la République ; celui-ci lui dit ce qu'il veut faire savoir.

– *Oui, mais Dieu ne parle pas de la même manière au prophète. Il ne le convoque pas dans son bureau pour lui dire : « Mon ami, les journalistes vont vous demander ceci ou cela et voilà ce que vous leur répondrez »* ?

– Certainement pas. On pourrait dire que le prophète, c'est un homme qui a une grande antenne branchée sur Dieu : le prophète prie beaucoup, il essaie de comprendre ce qui se passe et ce que Dieu attend des hommes. Cela, c'est l'antenne. Mais le prophète possède aussi un haut-parleur super-puissant, une sorte de force que lui donne Dieu pour parler aux gens.

– *C'est celui qui engueule les gens de la part de Dieu ?*

– Qui les encourage aussi, quand ils sont malheureux ou désespérés.

– *Mais alors, il y a encore des prophètes aujourd'hui ?*

– Sûrement. Vous avez entendu parler de Martin Luther King ?

– *Le pasteur noir qui luttait contre le racisme en Amérique ?*

– Oui. On peut dire que c'était un prophète. Mais il y en a d'autres.

– *Dis donc, avec tout cela, tu ne nous as pas raconté la fin de ton histoire, l'histoire des deux compagnons de Jésus qui partaient… où déjà ?*

– A Emmaüs.

– *Ne dis pas qu'on y reviendra.*

– On y revient tout de suite. Mais c'est vous qui avez tiré cette ficelle-là : la Bible. Donc, dans la Bible, il y a les textes écrits avant Jésus. Et rien de plus pour les juifs. Pour les chrétiens, il y a, en plus, des textes qui ont été écrits après Jésus : les Évangiles, des lettres de ses compagnons. C'est dans un Évangile, justement, que l'on trouve l'histoire des deux hommes qui retournaient dans leur village d'Emmaüs le désespoir au cœur. Ils ont donc rencontré ce personnage qui leur explique les textes de la Bible des juifs. Et quand il les a quittés, après avoir pris un repas avec eux, ils le reconnaissent. Tout d'un coup. Ils se disent : « Mais c'était Jésus ! Il est ressuscité ! »

– *Cela aussi, il faudra que tu nous l'expliques : comment il est ressuscité et si c'est vrai.*

– Bien sûr. Laissez-moi pour l'instant terminer cette histoire. Les deux habitants d'Emmaüs se disent aussi : « C'est curieux, notre cœur était brûlant de fièvre en l'écoutant. » Cela signifie qu'ils étaient suspendus à ses lèvres, qu'ils l'écoutaient avec passion. Entre parenthèses, je voudrais bien que vous en fassiez autant avec moi, mais je ne suis pas Jésus. Donc, ces deux amis étaient heureux avec cet inconnu, dans la fièvre et la joie du bonheur. Et pourtant, rappelez-vous, ils étaient désespérés. Ils étaient heureux et désespérés en même temps. Vous comprenez : heureux et désespérés à la fois. Cela signifie, comme je vous le disais tout à l'heure, que l'on peut croire en Dieu et douter aussi, parfois, qu'il existe. Vous avez entendu parler de sainte Thérèse de l'Enfant Jésus ?

– *La petite bonne sœur ?*

– La petite bonne sœur, si tu veux. Mais qui était une femme formidable, qui savait ce qu'elle voulait. Et qui croyait vraiment en Dieu. La preuve : elle avait choisi de vivre enfermée dans un couvent pour prier, et dans ce couvent on ne lui menait pas la vie facile. Eh bien, elle a eu des moments de doute terribles. Comme des trous noirs dans sa vie.

– *Donc, on peut croire et douter aussi. C'est un peu compliqué à imaginer...*

– Mais c'est la vie. La vie est compliquée.

– *Ce serait moins compliqué, tout cela, si Dieu se montrait à tout le monde. Et les savants aussi pourraient dire : ça y est, nous avons l'explication, on l'a vu, tout va bien. Tandis que là, il joue à cache-cache, Dieu. Ce n'est pas normal. S'il est bon, comme on le dit, il devrait se montrer.*

– Ce serait plus simple, en effet, si on pouvait voir Dieu comme nous voyons le soleil. Personne ne peut douter que le soleil existe, même quand les nuages le cachent. Mais je vais vous étonner : si Dieu se montrait, nous serions comme des esclaves. Ses esclaves.

– *Qu'est-ce que tu racontes ?*

– Voilà encore une vérité difficile à comprendre, je le sais. Mais essayez d'imaginer que Dieu soit évident, que son existence soit sûre et certaine, prouvée. Vous ne seriez plus libres, vous seriez obligés de l'admirer, de l'aimer. Ce ne serait plus de l'amour.

– *Je ne comprends plus rien. J'abandonne.*

– Attends encore une minute ou deux. On ne peut pas obliger quelqu'un à aimer. On ne peut pas obliger un garçon à aimer une fille, ou une fille à aimer un garçon. D'accord ?

– *D'accord.*

– Quand on aime quelqu'un, on le choisit librement. On connaît ses qualités mais aussi ses défauts. On sait que tel garçon se met trop souvent en colère, que telle fille est étourdie ou même qu'elle n'est pas très jolie.

– *Les garçons aussi ne sont pas toujours très beaux.*

– C'est vrai. Ce que je veux dire, c'est que l'on n'ignore pas les défauts ou les faiblesses de celui ou de celle qu'on aime. Mais on passe par là-dessus. On l'aime quand même. On choisit de l'aimer. Quand un homme désire une femme ou quand une femme désire un homme…

– *Tu veux dire : embrasser, caresser, etc.*

– Et ce que tu penses, oui. Donc, quand on désire, ça peut être purement physique. C'est le corps de l'un qui a envie du corps de l'autre.

– *Tu devrais faire un livre sur ce sujet, tiens. Ou bien promettre d'y revenir tout à l'heure.*

– Je sais bien que ça vous intéresse, ça. Ça intéresse tout le monde. Même ceux qui prétendent le contraire.

– *Mais l'histoire de Dieu nous intéresse aussi. Alors, continue.*

– Merci quand même. Nous parlions du désir et je disais que ça pouvait être purement physique. Mais quand on aime, il y a une part de volonté, donc de liberté. Je le répète : on choisit d'aimer quelqu'un même s'il n'est pas très bien fait, s'il a des défauts, etc. Alors, maintenant, supposons que Dieu se montre, qu'il soit aussi évident que le soleil en plein midi dans un ciel sans nuages. Il est tellement bon, Dieu, formidable, génial, extraordinaire, tout ce que vous voulez, que l'on serait obligé de l'aimer ; on ne pourrait pas faire autrement. Et quand on est obligé…

– *… on n'aime pas vraiment, tu l'as déjà dit.*

– Bien. Mais Dieu, justement, veut que l'homme, tous les hommes soient libres de l'aimer ou non. Donc, il ne veut pas se montrer. Je dirai même plus : il ne le peut pas. Parce que, autrement…

– *S'il se montrait...*

– S'il se montrait, il serait comme un maître avec ses esclaves. Or, il ne veut pas d'esclaves. Voilà quelque chose de capital pour comprendre Dieu : il veut des hommes libres.

– *Que Dieu nous aime, je l'ai déjà entendu. Seulement, qu'est-ce qui le prouve ? Ça pourrait être un Dieu méchant, un salaud. Mais tu ne mettras pas ce mot dans le livre, j'espère.*

– Pourquoi pas ? En tout cas, c'est une bonne question. Mais nous en aurons pour un moment. Vous savez peut-être que des hommes, dans le passé, ont imaginé qu'il y avait des dieux méchants, qui étaient en lutte avec des dieux bons. On ne le croit plus beaucoup, presque plus, maintenant. Et l'on a raison. Ceux qui pensaient cela imaginaient que les dieux étaient comme des hommes, avec les qualités et les défauts des hommes. Il ne faut pas se représenter Dieu comme un homme, même s'il existe des ressemblances entre l'homme et Dieu.

Si Dieu était méchant, il n'aurait pas créé la terre, ni l'univers. Nous l'avons déjà vu : dans l'histoire de l'univers, on passe de la pagaille, la grande pagaille, à l'organisation, l'organisation la plus fine. Un Dieu méchant n'agirait pas ainsi. Il s'arrangerait au contraire pour créer le plus grand désordre possible pour que les souffrances des hommes et des animaux soient terribles.

– *Tu aurais raison si le monde était bien fait, si tout allait bien sur la terre. Mais il y a des gens qui crèvent de faim, qui se massacrent, des bébés qui ont le cancer et qui meurent. Et Dieu permet tout cela ? Alors, il n'est pas bon.*

– Bonne question encore une fois. Mais j'ai dit que nous en aurions pour un moment. Nous allons commencer par distinguer. Parce qu'il ne faut pas tout mélanger. Si des hommes se massacrent, c'est parce qu'ils se haïssent. Dieu ne souhaite pas qu'ils se haïssent. Au contraire. Mais, répétons-le encore une fois, il les a voulus tout à fait libres. Libres de choisir entre le bien et le mal. Et s'ils choisissent le mal, s'ils se haïssent, Dieu est le premier à le regretter. Nous avons parlé de la Bible. La plupart des textes de la Bible, avant et après Jésus, disent que Dieu demande aux hommes de s'aimer. Jésus va encore plus loin. Il dit : aimez vos ennemis. Ce n'est pas seulement : aimez-vous les uns les autres. Quand tout le monde s'aime, c'est assez facile d'aimer les autres. Aimer ses ennemis, c'est bien plus dur. Aimer ceux qui vous ont volé un jeu électronique ou de l'argent ; ceux qui vous ont dénoncé, fait un sale coup...

– *Il faut les laisser faire alors, même les plus mauvais ?*

– Ce n'est pas cela que dit Jésus, bien sûr. Ce serait idiot. Il faut les empêcher de faire le mal, si on le peut. Mais il faut les aimer.

– *Aimer un type avec qui on se bagarre parce qu'il allait piquer le jeu d'un petit ou nos affaires ? Lui cogner dessus en l'aimant ? Ce n'est pas facile.*

– C'est même très difficile. Mais il faut essayer. Bon. Revenons à votre question : pourquoi un Dieu qui est bon permet-il tout ce qui va mal ? On peut répondre d'abord qu'une partie du mal vient de l'homme, c'est l'homme qui en est responsable. Quand des peuples se font la guerre, on ne peut pas le reprocher à Dieu. C'est qu'ils sont libres. Ils feraient mieux d'utiliser leur intelligence à lutter contre les maladies ou les catastrophes naturelles. Mais ils choisissent le mal.

– *Et Dieu les laisse faire ! Il se dit : quelle bande d'imbéciles ; mais c'est moi qui les ai voulus comme ça, libres de faire les pires bêtises ; alors tant pis pour eux. Il s'en fiche ?*

– Non. D'abord, il espère que les hommes vont s'améliorer : c'est ce qu'il leur a demandé par les prophètes, dans la Bible ; c'est aussi ce que Jésus est venu dire. C'est ce que répètent certains prophètes d'aujourd'hui, ceux qui tentent de faire la paix entre les hommes ou de faire respecter la nature. J'ajoute qu'il en souffre, Dieu, de toutes ces bêtises. Tenez, je vais vous raconter encore une histoire. Une histoire vraie qu'a vécue un écrivain juif, Élie Wiesel. Cela se passait pendant la dernière guerre, dans un camp de concentration où les Allemands avaient enfermé des juifs. Et voilà que les Allemands, des SS, décident de pendre trois prisonniers, parmi lesquels se trouvait un enfant, un garçon tout jeune. Donc, ils les pendent. Mais l'enfant est si léger qu'il ne meurt pas tout de suite, il bouge un peu au bout de sa corde. C'est affreux. Alors, un des prisonniers qui était, comme Élie Wiesel, obligé d'assister à ce supplice, demande : « Et Dieu ? Où est Dieu dans tout ça ? » A ce moment, dit Élie Wiesel, je sentais une voix en moi qui répondait : « Le voici. Il est pendu ici à cette potence. » Dieu souffre avec l'enfant qui souffre.

– *Il souffre avec tous ceux qui souffrent alors ? Ça fait beaucoup. C'est terrible.*

– Oui. Parce qu'il a parié sur l'homme, sur la liberté des hommes. Il a parié que les hommes finiraient par faire mieux. Mais tout à l'heure, quand tu parlais de tout ce qui va mal dans le monde, tu avais pris un autre exemple : celui d'un bébé atteint d'un cancer et qui en meurt. Il a souffert ; ses parents, sa famille aussi. C'est terrible aussi. Et l'on ne peut pas dire que les hommes en soient responsables. Personne n'a donné le cancer à ce bébé…

– *C'est parce que la nature est mal faite, que le monde est mal fait. Il paraît même que des météorites pourraient détruire la terre. Alors, un Dieu bon a créé un monde mal fichu ?*

– Moi, je dirais plutôt que le monde n'est pas terminé.

– *Comment cela ? Qu'est-ce que tu veux dire ?*

– Nous allons revenir à votre première question, à propos de la création. Bien des gens n'ont pas encore compris vraiment ce qu'est la création, sans doute parce qu'on ne l'a pas bien expliquée.

– *Et toi, tu le sais ? Tu es fort.*

– Ne vous moquez pas. Je crois avoir compris un peu, en lisant beaucoup de livres, en réfléchissant aussi : je n'ai rien inventé. Et je dois dire que ce n'est pas facile à expliquer. Prenons un exemple : un menuisier fabrique une table, une belle table à laquelle il apporte tous ses soins. Puis il la vend. Ensuite, dans la plupart des cas, il ne sait même pas ce qu'elle est devenue. Il s'en désintéresse. Il commence peut-être à en fabriquer une autre. Ou un tabouret. Ou une chaise. Peu importe. La création du monde, c'est autre chose. Tout à fait autre chose. Elle est en train de se faire. Elle n'est pas terminée. Dieu est au travail dans le monde, l'univers, pour poursuivre la création. Nous parlions tout à l'heure du passage de la pagaille à l'organisation. Cela continue. Et cela grâce à la collaboration de Dieu avec les hommes. Dans les religions juive et chrétienne, on appelle cela l'Alliance : Dieu et les hommes font alliance pour améliorer le monde.

– *Moi, je suis allié avec Dieu, alors ? A mon âge ?*

– Tu es allié si tu le veux bien.

– *Mais les hommes ne peuvent pas changer la création quand même ?*

– Tu crois ? Réfléchis un peu. Les hommes ont rendu la terre plus vivable, ils ont tracé des routes, construit des logements : c'est quand même plus drôle que de vivre dans des grottes ou dans une forêt sauvage.

– Ils ont fait du mal à la terre quand même. La pollution…

– Oui. Mais, au total, ils ont bien arrangé les choses. Une preuve parmi d'autres, c'est que l'on vit beaucoup plus vieux que jadis. Chez nous, au temps de Louis XIV, la moitié des enfants qui naissaient mouraient avant l'âge de vingt ans. Pense à la douleur de leurs parents, à leurs souffrances aussi quand ils étaient atteints de maladies que l'on ne savait pas soigner.

– D'accord. Mais ce n'est pas vrai partout. En Afrique…

– En Afrique aussi, on se soigne mieux qu'avant. Et l'on vit plus vieux. Et souvent, l'on vit mieux, même si ça n'est pas parfait, loin de là. La création n'est pas terminée. La création est en train de se faire. Chaque fois que l'on invente un médicament nouveau, chaque fois que l'on invente un nouveau moyen de circuler pour rendre les gens plus proches les uns des autres, leur permettre de se retrouver, chaque fois qu'on invente de nouveaux moyens de se loger mieux, de manger mieux, chaque fois qu'on s'aime un peu plus, c'est la création qui avance.

– D'accord, mais on invente aussi des moyens de se tuer plus facilement.

– C'est vrai. On peut utiliser le progrès pour le bien comme pour le mal. Mais, en gros, c'est plutôt le bien qui l'emporte.

– C'est toi qui le dis. Mais on laisse les Africains et les gens de l'ancienne Yougoslavie se massacrer.

– Pas toujours. Quelquefois on intervient. Des

organisations sont créées pour venir en aide aux blessés, aux affamés. Il n'y a pas si longtemps, on aurait dit : ils se tuent entre eux, c'est leur affaire. On s'en serait peut-être réjoui même. Ou bien, on ne l'aurait pas su. Aujourd'hui, on le sait, très vite. Et on le voit, souvent, à la télévision. C'est pourquoi on a le sentiment que tout va mal, de plus en plus mal. Alors que c'est plutôt le contraire. Tenez, voici un autre exemple : il n'y a pas si longtemps, on appliquait dans tous les pays la peine de mort, et souvent de façon très barbare. On brûlait les gens (comme Jeanne d'Arc) ou on les écartelait : on ne se contentait pas, si j'ose dire, de les tuer ; on les faisait souffrir, on les torturait, on les faisait mourir à petit feu. Maintenant, les pays qui appliquent la peine de mort sont encore nombreux, trop nombreux. Mais il y en a de moins en moins.

– *Et Dieu ? Il laisse faire ? Il laisse les hommes se débrouiller ? Tu parles d'un allié…*

– Je l'ai déjà dit : il laisse libre. Il dit où est le bien. Là-dessus, on reviendra…

– *Une fois de plus…*

– Et il donne peut-être un coup de pouce de temps en temps.

– *Il fait des miracles ?*

– Ça y est : cette question-là, je l'attendais. Je m'étonnais même que vous ne l'ayez pas encore posée. Mais on y reviendra aussi. Très vite. Je voudrais plutôt en finir avec ce problème de la création qui n'est pas terminée. Pour souligner quelque chose : vous ne m'avez pas parlé des catastrophes naturelles. Vous avez pris l'exemple du bébé atteint d'un cancer : c'est terrible, je le sais. Mais vous auriez pu parler aussi des éruptions volcaniques, des raz de marée. Parce que, après tout, pour le cancer, on peut espérer que les hommes en viendront à bout, qu'ils trouveront le moyen de le guérir. Mais les raz de marée, les éruptions volcaniques ? Qu'est-ce que nous pouvons bien y faire ? Pas grand-chose, c'est vrai. Mais nous commençons à savoir les prévoir, à savoir en limiter les dégâts. Nous savons endiguer des rivières pour qu'elles ne débordent pas n'importe comment. Nous pouvons prévoir les cyclones et prendre des précautions. Oh ! il reste beaucoup à faire ! Mais, par exemple, nous savons irriguer les champs et les vergers pour combattre la sécheresse, ou créer des serres pour cultiver les légumes malgré le froid.

– *Et tout cela, c'est la création qui continue ?*
– Oui.
– *Ce n'est pas seulement l'œuvre des hommes ?*
– Je répondrai à ta question par une autre. Pourquoi les hommes sont-ils assez intelligents pour faire tout cela ? Grâce à qui ?
– *Peut-être grâce à une suite extraordinaire de hasards.*
– Peut-être. Nous revenons à la question de la foi et du doute. Mais si c'est une suite de hasards, elle est vraiment extraordinaire. Pas impossible, mais extraordinaire.
– *Quand même : Dieu ne pourrait-il pas en faire un peu plus ? Pour arrêter les raz de marée, par exemple. Comme Moïse : on raconte qu'il avait fait reculer les eaux de la mer Rouge pour permettre au peuple juif d'échapper aux troupes de Pharaon.*
– C'est vrai. On raconte cela. Vous y croyez vous ?
– *Ça dépend*[1].
– Moi, je n'y crois pas. Je ne crois pas que, dans le passé, il se produisait des phénomènes miraculeux comme cela, grâce à l'intervention de Dieu, et que

---

1. *Note de l'auteur :* l'un y croit, l'autre n'y croit pas.

ce serait terminé maintenant, qu'il nous laisserait tomber en quelque sorte.

– *Donc, tu ne crois pas aux miracles ?*

– Nous y voilà à nouveau.

– *Attends. Je voudrais te poser une autre question avant de parler des miracles : pourquoi la création n'est-elle pas terminée ? Si Dieu était si bon, il aurait pu faire un monde parfait tout de suite. D'ailleurs, dans l'histoire d'Adam et Ève, on dit qu'il l'avait créé, le monde parfait. Mais qu'eux, ils ont commis des bêtises, et que tout s'est détraqué, que Dieu a tout désorganisé pour les punir.*

– D'abord, la Bible ne dit pas exactement cela. Dans la Bible, Dieu dit à Adam et Ève de soumettre la terre. Ce qui signifie qu'elle n'était pas parfaite, qu'elle ne leur donnait pas tout de suite ce dont ils avaient besoin. D'accord ?

– *Oui, on peut le comprendre comme cela.*

– Et dans ce récit, quand Dieu dit à Adam et Ève de soumettre la terre, de continuer la création, c'était avant qu'ils aient fait des bêtises. Ce ne sont donc pas les hommes qui ont tout détraqué. Mais je vous ai déjà expliqué qu'il ne faut pas prendre ce récit comme une vérité historique, comme le récit d'une bataille de Napoléon par exemple. Il faut tenter de comprendre ce que cela signifie. Et les gens qui ont écrit l'histoire d'Adam et Ève étaient un peu comme nous : ils essayaient de comprendre pourquoi un Dieu bon leur avait fabriqué un monde mal fichu.

– *S'ils essayaient de comprendre, ils n'étaient pas tout à fait inspirés par Dieu, alors ?*

– Peut-être. On ne sait pas qui ils étaient. Et personne ne les compare aux prophètes. Quant à la faute d'Adam et Ève, supposez qu'elle ait existé. Après tout, les premiers hommes, puisqu'ils étaient libres, étaient capables de faire des bêtises. Qu'ils aient été seulement deux, Adam et Ève, ou plusieurs au contraire, ne change rien à l'affaire. Pouvez-vous imaginer qu'un Dieu bon aurait décidé de punir le monde entier, tous les hommes pour toujours, le bébé qui naît avec un cancer, comme vous le disiez tout à l'heure, et même les animaux qui n'avaient rien à voir dans cette histoire d'Adam et Ève… Pouvez-vous imaginer, je le répète, qu'un Dieu bon ait décidé de punir ainsi le monde entier à cause de la faute de quelques-uns ? Il ne serait ni bon ni juste.

– *Quand même, pourquoi n'a-t-il pas créé un monde parfait tout de suite ?*

– Je ne sais pas tout à fait. Quand on ne sait pas vraiment, il faut le reconnaître. Mais j'ai des idées là-dessus. Exactement deux. Et je ne suis pas le seul. La première, c'est que si Dieu avait créé un monde parfait, fini, les hommes n'auraient eu aucun rôle à jouer.

– *Ils auraient pu se la couler douce.*

– Oui. Mais on n'est vraiment un homme, ou une femme (quand je dis homme je pense aux deux, bien sûr), que lorsque l'on fait quelque chose. Sinon, on est un légume. Ou un animal qui laisse passer le temps, s'occupant seulement de trouver à manger, de défendre le coin où il vit, son territoire…

– *… et de soigner ses petits.*

– Et de soigner ses petits. Les hommes qui n'ont rien à faire, qui ne trouvent rien à faire, qui ne peuvent rien faire, sont perdus, on le voit bien, malheureusement. Donc, c'est une première idée : le monde n'est pas fini parce que les hommes devaient participer à sa création pour être à la hauteur en quelque sorte, pour être super ou géniaux, comme vous dites.

– *La création ne se terminera jamais, alors ?*

– On peut toujours faire mieux. Ou bien, quand on aboutira à la perfection, ce sera la fin du monde et nous serons tous rassemblés avec Dieu. Mais je vous ai annoncé deux idées : la deuxième va vous faire sursauter, et tout le monde ne l'admet pas : c'est que Dieu n'est pas absolument tout-puissant.

– *Hein ? Quoi ?*

– Pas tout-puissant à la manière dont nous comprenons la puissance, en tout cas. C'est le Dieu d'un certain Jésus qui a été torturé… Tu parles d'une puissance ! Je vous ai déjà dit, je crois, que Dieu lutte sans cesse pour mieux organiser le monde, pour mettre fin à la pagaille.

– *Il lutte contre qui ? Le diable ?*

– Appelez cela le diable si vous voulez. Moi, je préfère dire : le désordre. Dieu est au travail depuis le début pour arranger un peu mieux le monde et, maintenant, il le fait avec la collaboration des hommes.

– *Mais les miracles, alors ?*

– Nous y voilà. Les miracles intéressent bien des gens. Parce que même les adultes restent un peu comme des petits enfants qui aiment les contes de fées, tout ce qui est merveilleux. Moi, par exemple, je suis passionné par la magie. J'adore les bons spectacles de magie. Mais Dieu n'est pas un magicien. Il ne fait pas les choses à notre place, parce qu'il ne nous prend pas pour des marionnettes. Il faut toujours revenir à ce que nous avons déjà dit : il veut des hommes libres, il respecte notre liberté. Bien sûr, quand on a beaucoup d'ennuis, de malheurs, on rêve d'un miracle qui réglerait tout. Ce serait si simple. Mais je vais prendre un exemple. Un exemple vrai. Voici deux soldats, qui partent pour la guerre : l'un porte au cou une petite médaille, une médaille que l'on appelle miraculeuse, que lui a donnée sa mère pour le protéger ; l'autre ne porte rien ; d'ailleurs il ne croit pas en Dieu. Le premier est tué, mais pas le deuxième. Alors ?

— *Dieu pense peut-être que c'est mieux pour le premier, ou pour sa mère. On dit que Dieu sait mieux que nous ce qui est bon pour nous, mais qu'on ne peut pas le comprendre.*

— Oui, il y a des gens qui disent cela. Mais on ne sait pas ce que Dieu pense dans ce cas-là. On ne peut pas se mettre à sa place. Et quand on dit cela, on pense en somme que Dieu nous pose des devinettes. Ce n'est pas digne de Dieu. Tenez, prenons un autre exemple. C'est encore la guerre. Dans deux villes on organise des prières, de grandes cérémonies religieuses pour être protégé des bombes et des obus. Et voilà qu'une ville est complètement détruite, tandis que l'autre n'a rien, elle reste intacte. Faut-il conclure que Dieu est injuste et qu'il se dit : tiens, je vais écouter ceux-là, mais pas les autres… ? Comme ça, par caprice. Vous imaginez que Dieu est capricieux, vous ?

— *Alors, il ne faut pas croire aux miracles ?*

— Je n'ai pas dit cela. On peut penser que Dieu, parfois, se dit : tiens, là, vraiment il faut que je fasse quelque chose, si je le peux. Et puis, il existe quand même des événements que les savants n'expliquent pas, qu'ils sont incapables d'expliquer. Certaines guérisons, par exemple, de gens que l'on était à peu près sûr de voir mourir très vite. On en voit moins que dans le passé parce que les savants connaissent mieux le fonctionnement du corps et peuvent donc mieux expliquer. Mais il y en a encore. Il y en aura peut-être toujours. Quand on croit beaucoup à quelque chose, quand on souhaite beaucoup quelque chose, ça donne des forces inconnues. L'amour aussi peut aider. Vous vous souvenez certainement de ce gendarme sur lequel des ivrognes furieux, qui se prétendaient supporters d'une équipe de football…

— *Des hooligans ?*

– Oui. Vous vous souvenez qu'ils l'avaient assommé, presque massacré, à coups de barre de fer, et qu'il était resté dans le coma pendant des semaines. Ensuite, quand il en est sorti, les médecins ont dit que la présence des siens, de sa femme, de sa famille, chaque jour près de lui, l'avait certainement beaucoup aidé. Or, il n'en avait aucun souvenir. Il était inconscient, dans le coma. Et pourtant, quelque chose se passait.

On constate aussi que des gens qui prient beaucoup Dieu, qui restent des heures à penser à lui dans le silence, en sont tout transformés. Ceux-là, on peut dire qu'ils ont rencontré Dieu. Et cette rencontre change leur vie.

Je me souviens un peu d'une vieille légende hindoue où l'on voit un dieu, mécontent des hommes et de leur méchanceté, qui se dit : je vais me cacher ; ils ne sauront plus où me trouver ; ils seront bien attrapés. Et il cherche un endroit où se cacher. En haut d'une montagne, dans une rivière, et ainsi de suite. Mais, chaque fois, il se dit : là, ils finiront bien par me découvrir. Et, soudain, il a une idée. Il se dit : je vais me cacher dans le cœur des hommes ; ils ne penseront jamais à me chercher à cet endroit. C'est très joli, et très vrai, je crois, cette légende. On peut rencontrer Dieu en soi. Mais pas dans notre égoïsme. Dans notre cœur, cela veut dire dans notre amour. Vous voyez : je vous avais promis de vous reparler de la rencontre de Dieu. Eh bien, c'est ce que je fais. On peut aussi rencontrer Dieu dans les autres, dans l'amour des autres.

– *Comment cela ?*

– Parce qu'il y a en tout homme quelque chose de Dieu.

– *Même les salauds ?*

– Même les salauds.

– *Les pires salauds ?*

– Les pires salauds aussi. Jésus a dit, d'après l'Évangile : « Ce que vous ferez au plus petit d'entre les miens, c'est à moi que vous le ferez. » Il aurait aussi bien pu dire : ce que vous ferez au plus salaud... Mais peut-être parlait-il mieux que cela...

– *J'espère. Et j'espère que tu ne mettras pas ce mot, salaud, dans le livre.*

– On verra.

– *Tant pis. Mais on parlait de miracles. Et Jésus, justement, on dit qu'il faisait des miracles. Alors ?*

– Bon. Parlons de Jésus. C'est, à mon avis, une très bonne façon de parler de Dieu.

– *Alors, Jésus, il a vraiment existé ?*

– Ça ne fait aucun doute. Tous les gens sérieux sont d'accord là-dessus.

– *Pourtant, on dit que ce sont seulement les Évangiles qui parlent de lui. Seulement les chrétiens, donc.*

– D'abord, les chrétiens ne sont pas apparus par hasard. Il est difficile de croire que les gens qui ont écrit les Évangiles ont tout inventé. Tenez, l'Évangile de Marc par exemple. On pense qu'il a été écrit dans les années soixante. Jésus est mort dans les années trente. Donc, cela fait...

– *Trente ans de différence. On sait compter.*

– Alors, imaginez que ce soit de la pure invention. Il y aurait eu des tas de gens pour dire : pardon, nous étions à Jérusalem à cette époque-là et nous n'avons jamais entendu parler de cette histoire. Cet évangile n'aurait pas été pris au sérieux. D'accord ?

– *D'accord.*

– Et puis, les textes chrétiens ne sont pas seuls à parler de Jésus. Il y a eu d'abord un historien juif, nommé Flavius Josèphe. Vous savez que les Romains, en ce temps-là, possédaient un grand empire tout autour de la mer Méditerranée, qui comprenait donc le pays de Jésus et de tous les juifs, la Palestine. Les juifs supportaient mal la domination romaine. Flavius Josèphe, comme beaucoup d'autres, a combattu les Romains ; il a été fait prisonnier. Il s'est retrouvé ensuite à Rome, où, là, il s'est mis à écrire l'histoire de son peuple, le peuple juif. Quand son texte évoque l'époque de Jésus, il en parle. Il ne dit pas que c'était le fils de Dieu : il ne le croyait pas. Il dit seulement que c'était « un homme sage dont la conduite était bonne ». Mais à propos de ce Flavius Josèphe, toute une polémique a existé. Figurez-vous qu'au Moyen Age des moines catholiques ont trafiqué son texte. Ils lui ont fait dire que Jésus était ressuscité, ce que Flavius Josèphe ne croyait pas.

– *Ils trichaient. Ce n'est pas bien pour des moines...*

– Pas seulement pour des moines : tricher n'est recommandé à personne. D'ailleurs, ça ne leur a pas réussi. Quand on a découvert ce trafic, on a cru que tout le passage de Flavius Josèphe sur Jésus était faux. Maintenant, on a retrouvé le texte exact de Flavius Josèphe : il parle bien de Jésus. Et il n'a pas été le seul. L'historien romain Tacite, vers 115 ou 116, cite aussi un certain Christus qui a été livré au supplice du temps de Ponce Pilate. Il existe quelques autres citations de ce genre, dues à des gens qui n'étaient pas chrétiens. Mais elles sont rares, c'est vrai. Ce qui se passait en Palestine, un tout petit territoire de l'Empire romain, n'intéressait pas grand monde à cette époque-là. Et puis, les communications n'étaient pas aussi faciles et rapides qu'aujourd'hui.

– *Alors, que sait-on de vrai sur Jésus ?*

– Presque rien sur sa jeunesse, sinon qu'il vivait dans un village appelé Nazareth, avec ses parents, Marie et Joseph, un charpentier. Vous savez, les gens qui ont écrit les Évangiles s'intéressaient surtout à ce qu'avait fait et dit Jésus à l'âge adulte, quand il a commencé à être connu. Ils connaissaient mieux la fin de son histoire que le début. C'est pourquoi il n'y a que deux évangiles qui racontent sa naissance, et pas de la même manière d'ailleurs. Comme ils ne savaient pas grand-chose là-dessus, ils ont essayé de montrer surtout pourquoi Jésus était né.

– *Je ne comprends pas bien. Tu veux dire que l'histoire des rois mages qui viennent à la crèche, c'est de la blague ?*

– Je ne prétends pas cela. Je dis que l'on n'en sait rien. Mais ce qui est important, c'est ce que cela veut dire. Les juifs étaient habitués à raconter des histoires comme cela, où une chose comptait plus que tout : c'était leur signification. Et celui qui a raconté l'histoire des rois mages, par exemple, Matthieu, était un juif qui écrivait pour des juifs. Et ceux qui le lisaient cherchaient d'abord à savoir ce que ça voulait dire.

– *Alors, qu'est-ce que cela veut dire, l'histoire des mages ?*

– Cela veut dire ceci : Jésus est venu pour tous les hommes, pas seulement pour les juifs, mais aussi les étrangers, même s'ils font un drôle de métier : les mages étaient des astrologues, et les astrologues n'étaient pas bien vus de tout le monde. De plus, ceux-là venaient de pays de l'Est qui avaient souvent fait souffrir les juifs. Donc, 1) Jésus est venu pour tous les hommes ; 2) qui est venu le voir avant les mages ?

– *Les bergers, non ?*

– Oui, les bergers. Eux non plus n'avaient pas bonne réputation. La plupart des gens les considéraient comme des pauvres types, des voleurs aussi.

– *Les bergers, des voleurs ?*

– Oui, ils avaient mauvaise réputation. Peut-être parce qu'ils se battaient entre eux pour amener leurs troupeaux dans les meilleurs coins, ou pour se voler des bêtes, je ne sais pas exactement. Mais ce qui est sûr, c'est qu'ils étaient mal vus. Alors, vous comprenez, les premiers à accueillir Jésus sont les pauvres, les étrangers, ceux qu'on appelle aujourd'hui les exclus. Et aussitôt les puissants (comme le roi Hérode) prennent peur. Ils ne reculent devant aucun moyen pour empêcher Jésus de parler : vous savez qu'après la visite des mages, d'après ce que dit Matthieu, le roi Hérode fait massacrer les petits enfants de la région pour être sûr que Jésus est parmi eux et qu'il ne survivra pas. Voilà le sens de cette histoire : Jésus est accueilli par les plus petits, mais il fait peur aux gens puissants, qui veulent l'empêcher de vivre, de parler. C'est très important. Eh bien, dans les Évangiles, il faut toujours chercher le sens. Pas toujours se gratter la tête en se demandant si ça s'est vraiment passé comme ça.

– *Bon. Mais quand même, c'est important de savoir si Jésus est mort sur la croix, s'il est ressuscité, tout cela.*

– Bien sûr. Il existe des gens, qu'on appelle des exégètes, qui étudient les Évangiles en détail – comme des savants qui observent avec un microscope – afin de savoir ce qui, dans ces textes, est vraiment historique (comme le récit d'une bataille de Napoléon, je l'ai déjà dit) et ce qui, au contraire, est un mythe, une sorte de fable. Ils ne sont pas toujours d'accord entre eux, et ils n'ont pas tout trouvé. Mais ils progressent.

– *Moi, ce que j'aimerais savoir, c'est pourquoi Jésus est venu sur la terre, ce qu'il voulait faire.*

– Il est venu pour nous dire qui est Dieu.

– *Comment ça ? La Bible l'avait déjà dit.*

– Je vais vous raconter une histoire, qui est dans l'Évangile de saint Jean. Jésus arrive à Jérusalem, un peu avant Pâques. Jérusalem n'est pas seulement la capitale, pour les juifs : c'est dans cette ville que se trouve le Temple. Et le Temple n'est pas seulement un bâtiment comme une église, une mosquée ou une synagogue aujourd'hui. Pour les juifs, c'est le seul lieu au monde (vous m'entendez bien : au monde) où Dieu est présent, mais aussi absent.

– *C'est compliqué.*

– Si c'était simple, tout cela, nous ne serions pas en train d'en parler depuis si longtemps.

– *Il ne pourrait pas être plus simple, Dieu ?*

– Oh ! si. On pourrait dire à propos de lui des choses simples : il nous aime, il veut que les hommes soient libres et bons. Il existe une belle phrase qui dit : « La gloire de Dieu, c'est l'homme vivant. » Ce qui fait le bonheur de Dieu, ce qui fait sa fierté et sa gloire, c'est que nous soyons des hommes…

– *Et des femmes !*

– Et des femmes aussi, bien sûr, en forme, heureux, bien vivants. Tout cela, ce sont des choses simples. Mais, bien entendu, nous souhaitons tous en savoir davantage, connaître le pourquoi du comment, comme on dit maintenant. Bon, revenons au Temple. Je disais donc que, pour les juifs, Dieu était à la fois présent et absent. Présent parce que c'est là que le grand prêtre allait lui parler chaque année dans un lieu appelé le Saint des Saints, où personne d'autre ne pouvait pénétrer.

– *Le grand prêtre, c'était un peu comme le pape, non ?*

– On peut dire cela pour simplifier, même si ce n'est pas tout à fait vrai. Mais je n'ai pas expliqué pourquoi Dieu était absent : parce qu'on ne peut pas l'enfermer dans un bâtiment, même le plus beau. On ne peut l'enfermer nulle part. Bien. Je reviens à mon histoire. Donc, au Temple de Jérusalem, les juifs allaient offrir des sacrifices à Dieu. Ils changeaient leur argent en argent du Temple.

– *Ce n'était pas le même argent ? Ils n'avaient pas d'euros ? C'était comme les francs et les dollars, ou les marks ?*

— Si tu veux. La différence, c'est que l'argent de la vie de tous les jours était considéré comme impur par les juifs ; et l'argent du Temple comme pur. Quand ils entraient dans le Temple, ils changeaient donc l'argent qu'ils avaient avec eux. Ils s'adressaient pour cela à des changeurs, des banquiers si vous voulez, et, avec l'argent pur, ils achetaient des animaux qu'ils offraient en sacrifice à Dieu : des colombes, des agneaux ou des taureaux, suivant leur fortune. Ils faisaient donc tuer ces animaux. Cela signifiait qu'ils voulaient être pardonnés de leurs fautes. Ils étendaient la main sur la tête de l'animal comme pour montrer qu'ils s'offraient eux-mêmes à Dieu. Ensuite, après la mort de la colombe, de l'agneau ou du taureau, ils s'estimaient réconciliés avec Dieu. Et pour montrer que, réconciliés avec Dieu, ils voulaient l'être aussi avec tous les hommes, ils invitaient leurs familles, leurs voisins à manger avec eux les restes de la viande.

— *C'est bien, cela.*

— Tout à fait. Je dois quand même préciser un point : qui changeait l'argent impur en argent pur ? Qui vendait les animaux ? Pas n'importe qui : le grand prêtre, sa famille et ses serviteurs.

— *Ça devait leur rapporter.*

— Bien sûr. Ils s'enrichissaient facilement. Or, comme je l'ai dit, voilà que Jésus arrive à Jérusalem, un peu avant la Pâque. Il y a alors beaucoup de gens dans la ville, pour la fête de Pâque, justement.

— *Les juifs aussi célèbrent Pâques ?*

— Ce sont même les premiers qui l'ont célébrée. Ils l'appellent « Pessah », le Passage. Pour rappeler la sortie de leurs ancêtres hors d'Égypte, leur libération si vous voulez.

— *Ah, c'est le coup du passage de la mer Rouge, avec Moïse et Dieu qui obligent la mer à s'écarter ?*

– C'est ce coup-là, comme tu dis. Donc, Jésus arrive et, quand il voit tous ces changeurs, ces marchands de bestiaux, il est furieux. Il renverse les comptoirs et les caisses, il prend même des cordes pour chasser les changeurs. C'est la seule fois, dans l'Évangile, où l'on montre Jésus agir avec violence.

– *Parce qu'il s'oppose à tout ce trafic, ces histoires de fric qui va dans la poche des grands prêtres ?*

– C'est en partie pour cela, en effet.

– *Je le comprends. Moi, quand j'étais petit, j'aimais bien allumer des cierges à la chapelle. C'était même la seule fois où l'on me permettait d'allumer quelque chose. Maintenant, je me dis que c'est trop facile de demander au cierge de faire la prière à ma place, en dépensant cinq francs pour l'acheter.*

– Tout à fait. Mais il ne faut pas trop en vouloir aux curés qui mettent des cierges dans leurs églises. Cette petite flamme est comme un signe qui rappelle que, pendant quelques secondes au moins, les gens qui ont allumé le cierge ont pensé à Dieu ; et puis, ça fait un peu de sous pour entretenir ces grands bâtiments, et la plupart des prêtres n'en ont pas beaucoup. Mais je reviens à l'histoire de Jésus au Temple. S'il renverse les comptoirs et s'il chasse les changeurs, ce n'est pas seulement parce qu'il s'agit d'un trafic des grands prêtres. C'est beaucoup plus important que cela. Il a dit à ceux qui étaient là : « Ne faites pas de la maison de mon père une maison de commerce. » Réfléchissez un peu : qu'est-ce qu'une maison de commerce ? C'est une maison où l'on va faire un échange : je donne ceci (de l'argent en général) et, en échange, on me donne du chocolat, du lait, des céréales, enfin de quoi me nourrir, ou bien des vêtements, des meubles, des disques, des game-boy, peu importe. Ce qui importe, c'est que le commerce, c'est l'échange : je te donne ceci, tu me donnes cela. Et c'est normal. Mais ce que veut dire Jésus est tout différent. Il veut dire qu'on ne fait pas de commerce avec Dieu. Parce que Dieu donne tout. Gratuitement.

— *Mais il y a des gens qui pensent qu'il faut offrir à Dieu des sacrifices, ou des prières, pour qu'il donne sa protection en échange. On dit aussi que Jésus s'est offert en sacrifice à son père pour sauver les hommes.*

— Qu'est-ce que tu penserais d'un père qui attend que ses enfants le supplient à genoux, ou lui offrent je ne sais quoi, pour s'occuper d'eux ? Ce serait un drôle de père. Il y en a malheureusement. Mais le Dieu dont parle Jésus n'est pas comme cela.

— *Quand même, là, je craque. Tu dis que Jésus n'est pas venu du ciel pour nous sauver ? C'est bien cela que tu dis ?*

— Il est venu pour nous sauver en disant : voilà qui est Dieu, c'est votre père et le mien (il l'appelait « papa », même) et voilà ce qu'il veut, notre père. Jésus est venu dire la vérité sur Dieu et c'est cette vérité qui nous sauve. Quand on ne connaît pas la vérité, quand on est ignorant, ou quand on se trompe, on se perd. Jésus a dit : je suis la voie, la vérité et la vie. La voie : il nous montre la vraie route. C'est comme cela qu'il nous sauve. Vous avez entendu parler de Paul ?

— *Saint Paul ?*

— Oui. C'était un type très important qui a beaucoup voyagé pour faire connaître la vie et les paroles de Jésus. Il écrivait des lettres aux gens qu'il avait rencontrés dans telle ou telle ville. Et dans une de ces lettres, il a écrit à peu près ceci : c'est bête ; je voudrais beaucoup faire le bien et, paf ! c'est le mal que je fais. Nous sommes tous un peu comme ça. Eh bien, Jésus est venu nous dire : ne vous inquiétez pas trop, je suis avec vous et, si vous me faites confiance, on réalisera des choses formidables…

– *Pour continuer la création ?*

– D'accord. Et Jésus dit : vous savez, si vous vous trompez, si tout n'est pas parfait, ne vous lamentez pas, ne pleurez pas : comme Dieu est bon, on remettra les pendules à l'heure et on essaiera de faire mieux. C'est parfois la galère, c'est vrai, mais on n'est pas tout seuls.

– *Ça, j'aime bien. Mais quand même, on dit que Jésus est mort sur la croix pour que son père pardonne aux hommes la faute qu'avaient commise Adam et Ève.*

– Je vous ai déjà dit que l'affaire d'Adam et Ève était…

– *Un mythe. Tu vois, on n'a pas oublié.*

– Je vous ai dit aussi que Dieu aimait les hommes à la folie.

– *Tu ne nous avais pas dit « à la folie », mais c'est d'accord.*

– J'avais même un ami, qui s'appelait François Varillon, et qui disait : « Dieu n'est qu'amour. » Il ajoutait à peu près ceci : « Ne venez pas me dire que Dieu est comme ceci ou comme cela, c'est insuffisant. Pour savoir qui est Dieu, il suffit d'admettre qu'il n'est qu'amour. Seulement l'amour. Tout le reste dépend de cela. » C'est clair.

– *A peu près. Mais on ne voit pas où tu veux en venir.*

– A ceci : suppose que les premiers hommes aient commis des fautes, est-ce que tu penses qu'un Dieu qui n'est qu'amour va en faire payer le prix à toute l'humanité, à tous les enfants qui naissent ensuite et qui ne sont, en rien, responsables de ces fautes ? S'il y a des gens qui se sont mal conduits il y a des milliers d'années, ce n'est pas de notre faute. Tous les enfants naissent sans péché.

– *A quoi sert le baptême, alors ? Ce n'est pas pour nous laver du péché ?*

– Le baptême, c'est votre entrée dans la bande, le groupe des compagnons de Jésus, des chrétiens, votre engagement de le suivre. Pour les bébés, ce sont les parrains et les marraines, les parents aussi, qui prennent cet engagement à leur place, et, du coup, Dieu s'engage à les aider. C'est l'Alliance dont je vous ai déjà parlé.

– *Bon. Mais si tu as raison, s'il ne fallait pas réparer la faute commise par les premiers hommes, pourquoi Jésus est-il mort sur la croix ?*

– C'est encore une très bonne question, très difficile aussi. Nous allons commencer par tirer une autre ficelle de notre nœud. Prendre une autre question, si vous préférez : Jésus était-il Dieu ? Pas seulement fils de Dieu comme vous ou moi nous pouvons l'être, mais vraiment Dieu lui-même ? C'est très difficile à croire.

– *C'est vrai.*

– Les chrétiens sont les seuls à le croire. Ni les musulmans, ni les juifs, ni les membres d'aucune autre religion ne croient qu'un Dieu se soit fait homme, que cela soit possible. Que le Très-Haut ou le Tout-Puissant, comme on dit dans les prières, devienne comme nous, qui ne sommes pas toujours très malins. Jésus lui-même, si on lit bien les Évangiles, ne s'est pas rendu compte tout de suite qu'il était tout à fait différent des gens qui vivaient avec lui. Et cela se comprend : s'il voulait être vraiment homme, il devait accepter toutes les ignorances des hommes, toutes leurs impuissances. Il a eu mal aux pieds, il a eu faim ou soif, et de la même façon il ne savait pas tout, surtout au début. D'ailleurs, quand

on lui posait certaines questions, il répondait :
« Cela, seul mon Père [c'est-à-dire Dieu] le sait. » Et
puis, peu à peu, il a compris que Dieu n'était pas son
père comme il est notre Père à nous.

– *Dieu est plus son Père ?*

– Tu veux dire : davantage son Père que notre Père ?

– *Oui.*

– On peut le dire comme cela. C'est le plus difficile à croire. Et le plus difficile à expliquer. Mais si on lit bien les Évangiles, en commençant par le premier texte, celui qui est signé Marc, et en terminant par le quatrième, celui qui est signé Jean, on finit par comprendre cela : Jésus lui-même, un jour, s'est dit qu'il était Dieu. Pas tout de suite, je le répète. Et même ses premiers compagnons, et même les premiers chrétiens, après sa mort, ne l'ont pas tous cru du premier coup. C'est tellement extraordinaire ! Bon. Prenons l'autre ficelle : pourquoi est-il mort sur la croix ? Réponse : parce qu'il était vraiment homme. Ce n'est pas un Dieu qui s'est déguisé en homme, qui jouait un rôle d'homme, et qui restait pendant ce temps-là en liaison permanente avec son Père…

– *Par radio ou avec un portable ?*

– Par rien du tout de ce genre. Sauf par la prière, ce qui est évidemment formidable. C'était son portable à lui. Mais il était un homme véritable. Et qu'est-ce qui arrive aux hommes véritables ? Ils naissent, ils vivent et… ils meurent. Si Jésus est vraiment homme, il est normal qu'il meure. C'est malheureux, mais c'est ainsi.

– *Pas sur une croix. Tous les hommes ne meurent pas sur une croix. Heureusement.*

– Heureusement. Lui, il meurt d'une des pires manières. Faire mourir quelqu'un sur une croix, à ce moment-là, c'était le pire châtiment. Alors, pourquoi lui ? Il y a plusieurs raisons. D'abord, les grands prêtres lui en voulaient. Rappelez-vous l'histoire du Temple, quand il a renversé les boutiques : s'il dit que Dieu ne veut pas de sacrifices, il les empêche de gagner beaucoup d'argent, il les frappe à la caisse ; il leur casse la baraque, comme vous dites. C'est une première raison. Deuxième raison : quand il dit que les premiers seront les derniers, que l'amour compte plus que la loi, que les pauvres auront le dernier mot, il dérange les riches et les puissants. Troisième raison : quand il se prétend si proche de Dieu, c'est un horrible blasphème pour les juifs. Quatrième raison : s'il dérange les puissants, il dérange bien sûr les Romains qui dirigent son pays. Alors, les chefs juifs se disent : cet homme va finir par nous attirer des ennuis avec les Romains, et tout le peuple va en souffrir ; il est donc préférable de nous en débarrasser tout de suite. Et les Romains ne demandent pas mieux, bien sûr. D'autant plus que leur représentant en Palestine, Ponce Pilate, était un dur. Voilà donc bien des raisons pour faire mourir Jésus sur une croix.

– *Mais on dit qu'il s'est offert en sacrifice.*

– Il y a deux sens au mot sacrifice. Si vous prenez votre dictionnaire, vous constaterez que bien des mots ont plusieurs sens.

– *Moi, je sais : le temps, par exemple. C'est le temps qu'il fait : le soleil ou la pluie. Et aussi le temps qu'il faut pour apprendre une leçon, aller de Paris à Marseille...*

– Et ainsi de suite. D'accord. Le sacrifice, cela peut être par exemple celui d'un sauveteur qui se jette à l'eau pour rattraper une personne qui va se noyer, et qui se noie lui-même. On dit qu'il fait le sacrifice de sa vie. Il a risqué sa vie. Les pompiers aussi le font, ainsi que les soldats, certains médecins, et bien d'autres. Le deuxième sens du mot sacrifice concerne les rapports des hommes avec les dieux. Il y a très longtemps, quand les hommes ont commencé à croire qu'il existait des dieux, ils se sont dit que, pour obtenir leur protection, pour que les dieux s'intéressent à eux, il fallait leur offrir des cadeaux, qu'on a appelés des sacrifices. Certains pensaient même que les dieux en avaient besoin pour se nourrir. Ils leur ont même offert en cadeaux des enfants, qu'ils tuaient. Vous avez entendu parler des Aztèques…

– *En Amérique du Sud ? C'est cela ?*

– Oui. Leurs prêtres tuaient des milliers d'hommes chaque année pour obtenir la protection de leurs dieux. Bon. Dans la Bible, on voit que Dieu dit aux juifs de cesser de tuer des hommes pour lui faire plaisir. C'est l'histoire d'Abraham, un très vieux personnage qui est devenu très tard papa d'un garçon nommé Isaac. Il l'aime beaucoup. Et il croit un jour que Dieu lui demande de le lui offrir en sacrifice. Au moment où il va donc tuer Isaac (ce qui le rend très malheureux), Dieu retient son bras. C'est la fin des sacrifices humains. Ensuite, je vous l'ai dit, les juifs sacrifient des animaux. Mais Jésus vient dire : plus de sacrifices, il n'en faut plus ; c'est l'histoire du Temple, que je vous ai racontée.

– *Mais si je me prive de quelque chose pour faire plaisir à Dieu, ce n'est pas bien ? D'un gâteau par exemple ?*

– Dieu doit plutôt penser qu'en mangeant trop de gâteaux tu vas te faire mal aux dents. Ou plutôt que tu ferais mieux de partager ton gâteau avec ceux qui n'en ont pas. Dieu veut que tu te conduises bien dans la vie : c'est le plus beau cadeau que tu puisses lui faire.

— *Et Jésus, alors ? Sa mort n'était pas un sacrifice pour sauver les hommes ?*

— Si tu crois que Dieu avait besoin de faire souffrir son fils pour sauver les hommes, c'est un drôle de Dieu. Dieu n'a pas voulu l'assassinat de son fils, Dieu n'a pas été complice des assassins de son fils. C'est impossible, puisqu'il n'est qu'amour. Il a souffert lui-même l'assassinat de son fils, puisqu'ils ne font qu'un, mais il n'est pas intervenu pour l'empêcher parce qu'il laisse les hommes utiliser leur liberté jusqu'au bout.

— *Quand même, c'est étonnant ce que tu dis là.*

— C'est la grandeur de Dieu, la grandeur de son amour.

— *Oui, mais ça n'a pas duré. On dit que Jésus est ressuscité. C'est vrai ?*

— Nous allons y revenir. Mais reposez-vous un peu, car nous en aurons pour un moment.

– *Moi, ce que j'aimerais savoir, c'est à quoi Jésus ressemblait quand il est ressuscité.*

– Il ne ressemblait pas vraiment à ce qu'il était auparavant puisque ses compagnons ne l'ont pas reconnu du premier coup.

– *Et nous, si on ressuscite, à quoi on ressemblera ?*

– Je n'en sais rien. Personne n'en sait rien. Est-ce que l'on ressemble à ce que l'on était à l'âge de vingt ans, ou de quarante, ou de...

– *Toi, par exemple, tu n'as presque plus de cheveux. Est-ce que tu ressusciteras avec tes cheveux ?*

– Je n'en sais rien. Ça m'amuse plutôt, ta question. Et je vais te faire un aveu : je ne me suis jamais intéressé à cela.

– *Oui, mais, à la résurrection de Jésus, tu t'y es intéressé ? Tu crois que c'est vrai ?*

– Si on croit que Jésus était en même temps Dieu et homme, il fallait bien qu'il ressuscite. En tant qu'homme, je l'ai dit, il devait fatalement mourir : s'il n'était pas mort sur la croix, il serait mort autrement. Mais s'il est Dieu, il ne peut pas mourir. Il est mort comme homme, il a toujours vécu comme Dieu. C'est clair ?

– *A peu près. Penser à la fois qu'il était homme et Dieu, c'est difficile.*

– C'est ce qu'on appelle l'incarnation. Comme nous l'avons déjà vu, il est très difficile de le croire.

Mais si on le croit, alors on comprend que la résurrection était quelque chose de normal.

– *Est-ce que l'on a des preuves de la résurrection ?*

– Non. Il n'y avait pas de journalistes ou de cameramen pour prendre des images, ou de policiers pour la constater. Rien de ce genre.

– *Quand même, Jésus aurait pu revenir à Jérusalem, se montrer à tout le monde, à Pilate, aux grands prêtres, et leur dire : vous vous souvenez, il y a trois jours, vous m'avez fait mourir sur une croix ; eh bien, vous avez tout raté parce qu'on ne peut pas me tuer, je suis immortel. Là, ils auraient été bien attrapés.*

– Ce n'est pas le genre de Jésus. Et vous savez bien pourquoi. Parce que ce n'est pas le genre de Dieu. Vous vous souvenez de ce que nous avons déjà dit : Dieu ne peut pas se rendre aussi évident que le soleil…

– *C'est toi qui l'as dit.*

– … parce que, sinon, nous serions comme ses esclaves. Si l'existence de Dieu était prouvée, nous ne pourrions pas l'aimer librement. Et le véritable amour est libre. Là-dessus, vous étiez d'accord.

– *D'accord.*

– Eh bien, la résurrection pose exactement la même question. Si elle était prouvée, Dieu serait évident, son existence serait prouvée, les hommes ne seraient plus libres.

– *Quand même : ses compagnons, eux, ont cru qu'il était ressuscité. Pourquoi ?*

– Parce qu'ils l'ont vu. Saint Paul, dont on parlait tout à l'heure et qui ne l'avait même pas connu avant sa mort sur la croix, dit qu'il l'a entendu, et il en cite d'autres qui l'ont vu, il donne même le chiffre de cinq cents personnes.

— *Ils ont peut-être rêvé. Quand le soleil te tape longtemps sur le crâne, tu vois parfois de drôles de choses. Et eux, ils souhaitaient tellement qu'il ne soit pas mort qu'ils se sont peut-être fait des illusions.*

— Si tu lis les Évangiles, tu verras qu'ils le croyaient vraiment mort. Ils avaient même peur d'être tués eux aussi. Ils se cachaient. Et même quand ils l'ont vu, certains ne voulaient pas encore le croire. Mais ce qui me frappe surtout, c'est ce qui s'est passé ensuite : ces hommes qui se cachaient sont sortis dans la rue et se sont mis à crier : « Nous l'avons vu, il est vivant. » Plus tard, on en a même torturé quelques-uns. Mais sous la torture, jusqu'à la mort, ils ont continué à crier : « Il est vivant, nous l'avons vu ! »

— *Ils peuvent quand même avoir rêvé.*

— C'est ce que pensent bien des gens aujourd'hui encore. Pourtant, ces hommes qui se font tuer pour crier cela, qui galèrent sur les routes, comme vous dites, pour le répéter, moi, ça m'impressionne. C'est une des raisons de croire en la résurrection. Pas une preuve, bien sûr. Mais une raison. Un petit bout de preuve, si vous préférez.

— *Il y en a d'autres, des petits bouts comme cela ?*

— D'abord, le tombeau où l'on avait mis Jésus après sa mort sur la croix était vide.

— *C'est sûr, cela ?*

— Imaginez un peu ceci : quand les compagnons de Jésus se sont mis à répéter partout qu'il était ressuscité, il y a certainement des gens qui sont allés vérifier si son corps était encore dans le tombeau. Et s'ils l'avaient trouvé, ce corps, les compagnons de Jésus auraient eu l'air malin.

— *Oui, mais ils auraient pu le retirer avant, en douce, la nuit, avant d'annoncer la résurrection.*

— C'est bien pourquoi le tombeau vide n'est pas une preuve. Seulement un petit bout de preuve. Mais un petit bout de preuve quand même : souvenez-vous de ce que je vous ai dit des compagnons de Jésus après sa mort. Ils n'avaient pas le moral. Ils s'étaient tous enfuis. Ce n'est même pas eux qui l'avaient mis dans ce tombeau, tellement ils avaient peur. Alors, on a du mal à croire que, presque aussitôt après, ils se soient dit : allons retirer le corps, on va le cacher quelque part et ensuite on dira qu'il est ressuscité. Mais tout de même, on peut imaginer qu'ils se sont ressaisis, que l'un d'entre eux, un peu plus courageux, leur ait dit : allez les gars, on va monter une opération comme cela. C'est pourquoi le tombeau vide n'est pas vraiment une preuve.

– *Il y a d'autres petits bouts de preuve, comme tu dis ?*

– Les femmes.

– *Quoi, les femmes ?*

– Si vous lisez les Évangiles, vous constaterez que les premières personnes qui ont vu le tombeau vide et qui ont annoncé que Jésus était ressuscité étaient des femmes.

– *Et alors, qu'est-ce que cela a d'extraordinaire ?*

– Vous savez, à cette époque-là, les femmes, on ne leur faisait pas confiance. Ce qu'elles disaient, on pensait que c'était des inventions, des racontars de bonnes femmes. D'ailleurs, aujourd'hui encore, on parle de « racontars de bonnes femmes », on emploie ces mots-là. Trop souvent, on ne fait pas confiance aux femmes. A cette époque-là, c'était pire. Alors, imaginez que les compagnons de Jésus…

– *Les apôtres ?*

– Oui, on les appelle souvent comme cela. Imaginez donc qu'ils aient décidé de monter une opération, comme je le disais tout à l'heure, qu'ils aient retiré le corps sans être vus, et qu'ils aient voulu annoncer sa résurrection. Eh bien, dans ce cas, ils ne l'auraient pas fait annoncer par des femmes. Parce que personne ne les aurait crus. On aurait ri, en disant que c'était des racontars de bonnes femmes justement.

– *Bon. Il n'y a pas de preuve. Mais seulement des petits bouts de preuve ou bien… Comment tu disais déjà ?*

– Des raisons de croire.

– *Et alors, pour toi, quelle est la principale raison ?*

– C'est justement que ces hommes, qui étaient désespérés, qui avaient abandonné Jésus, se sont tout à coup mis en route, avec la joie au cœur, pour crier : « Il est vivant. » Et ils l'ont crié tellement fort que bien des gens, à leur suite, l'ont cru et le croient encore.

– *C'est vrai. Il reste quand même une autre question. Bien des gens croient en Dieu, mais pas en Jésus, ou pas au même Dieu que Jésus. Pourquoi ?*

– Vous me permettez de souffler un peu ?

– *Oui. On n'est pas si méchants.*

– Merci. Ensuite, on s'y met.

– Pour répondre à votre question, je dois d'abord souligner qu'il y avait beaucoup de religions sur la terre qui croyaient en des dieux différents. Maintenant, elles sont nettement moins nombreuses. Presque toutes croient qu'il n'y a qu'un seul Dieu. Il y a deux mille ans, les Grecs et les Romains, par exemple, imaginaient qu'il existait une infinité de dieux. C'est encore vrai de quelques religions africaines, mais elles ne rassemblent pas grand monde. Tandis qu'au temps de Jésus, les juifs étaient presque les seuls à croire qu'il n'y avait qu'un seul Dieu, le Dieu unique.

– *C'est aussi ce qu'a dit Jésus. Alors, pourquoi ça n'a pas marché entre eux et lui ?*

– Pour bien des raisons, qu'il serait trop long d'expliquer. Mais, cette fois, nous allons les ramener à trois raisons principales. Premièrement, les juifs ne pouvaient pas croire que Dieu puisse devenir un homme. Pour eux, Dieu est quelqu'un de tellement supérieur aux hommes, de tellement différent, qui ne ressemble à rien de ce que nous pouvons imaginer qu'on ne peut même pas le représenter sur une image ou une statue, qu'il ne pouvait pas devenir un homme comme Jésus.

– *J'ai pourtant entendu dire que les juifs attendent une sorte de Dieu…*

– Le Messie ? Mais ce n'est pas Dieu lui-même. Le Messie, c'est un envoyé de Dieu qui viendra aider les hommes, tous les hommes, à vivre heureux dans un monde parfait. Passons maintenant à la deuxième raison pour laquelle ça n'a pas marché entre les juifs et les compagnons de Jésus : pour les juifs, il n'existe, je vous l'ai dit, qu'un seul Dieu ; si Jésus est considéré comme un Dieu, et un Dieu différent de son père, cela fait deux Dieux. D'accord ?

– *D'accord.*

– Cela, les juifs ne peuvent pas l'accepter.

– *Ils ont peut-être raison.*

– Si tu veux. Mais les chrétiens pensent que ces deux Dieux n'en font qu'un seul. Ils disent qu'il y a deux personnes en un seul Dieu : le Père et le Fils. Ils disent même qu'il y en a trois : le Père, le Fils et le Saint-Esprit. C'est ce qu'on appelle le mystère de la sainte Trinité.

– *Je ne la comprends pas bien, cette histoire-là. Et d'abord, je n'aime pas les mystères. Sauf dans les films. Mais dans les films, on sait bien qu'à la fin on finira par tout comprendre. Tandis que là...*

– Écoutez : c'est difficile, mais je vais essayer de vous mettre sur la voie. Il faut revenir à ce que je répète depuis le début, ou presque : Dieu est amour, Dieu n'est qu'amour. Si Dieu est amour, s'il veut aimer, il faut qu'il existe quelqu'un d'autre à aimer. Donc, Dieu aime son Fils, qui est tout à fait comme lui, et différent quand même...

– *C'est difficile, ton truc.*

– Si c'était facile, on aurait déjà fini d'en parler. Bon. Essayons d'expliquer autrement. Quand un homme et une femme s'aiment beaucoup, beaucoup, passionnément, ils rêvent de ne faire qu'un, d'être tellement unis qu'ils se fondent l'un dans l'autre. Les hommes et les femmes n'y parviennent jamais tout à fait et ça les rend un peu malheureux. Mais pour Dieu et son Fils, c'est possible, puisqu'ils sont Dieu. Alors, s'ils ne font qu'un, c'est comme si Dieu s'aimait lui-même. Et cela, ce n'est plus de l'amour.

– *C'est de l'égoïsme.*

– Ou du narcissisme. L'histoire de Narcisse vient de Grèce. C'était un jeune homme d'une grande beauté qui, un jour, a vu son visage dans l'eau d'une fontaine et qui est devenu passionnément amoureux de lui-même. Tellement qu'il en est mort. Parce qu'il ne pouvait pas réaliser le désir qu'il avait de lui-même.

– *Dis donc, ils avaient de l'imagination, les Grecs ! Et c'est difficile à comprendre.*

– Je sais. Même pour les plus intelligents des hommes. Bon. Si on dit que le Père et le Fils s'aiment tellement qu'ils ne font qu'un, c'est du narcissisme, ou de l'égoïsme si vous préférez. Il faut donc une troisième personne. Et voilà pourquoi il y a, pour les chrétiens, trois personnes en Dieu. La troisième, c'est celle qu'on appelle le Saint-Esprit.

– *Mais, après tout, si Dieu avait besoin d'aimer quelqu'un qui lui ressemble, comme tu le disais tout à l'heure, il lui suffisait, au lieu de créer des hommes, de créer des dieux.*

– Mais des dieux qui sont créés ne sont pas tout à fait des dieux. Pour les chrétiens, Jésus n'a pas été créé par son père ; sinon, il ne serait qu'un demi-dieu. Et si Dieu nous avait créés comme des dieux, nous n'aurions pas été libres. Nous aurions été des sous-dieux. Il fallait d'abord que nous existions librement, que nous puissions faire des choses. Rappelez-vous, je vous l'ai dit : on n'existe vraiment que si l'on fait quelque chose, en bien ou en mal. Bien sûr, il vaut mieux que ce soit en bien. Mais j'ajoute que, pour les chrétiens, notre avenir, l'avenir des hommes, c'est de vivre comme Dieu. Dieu, le Fils et le Saint-Esprit forment un cercle, une ronde. Notre avenir, c'est d'entrer dans la ronde. Il y a une phrase qui dit que Dieu, par Jésus, s'est fait homme pour que l'homme devienne Dieu. Pour les chrétiens, il y a un seul Dieu qui contient d'abord trois personnes et qui nous contiendra tous ensuite. A moins que nous le refusions.

– *Ça sera comment ?*

– Je ne sais pas. Je voudrais bien le savoir. Je pense que ce sera très agréable. Pensez : un monde où il n'y a que des gens qui s'aiment, à fond.

– *Bon. Et les juifs ne croient pas à la ronde dont tu parles ?*

– Non. Pour eux, Dieu est tellement unique qu'il ne peut contenir trois personnes en lui. Mais, pour le reste, les chrétiens et les juifs se ressemblent beaucoup. Tenez, voici un exemple : le « Notre Père », la principale prière des chrétiens, vient des juifs. Mais je pourrais prendre des dizaines d'autres exemples. Nous sommes de la même famille et nous croyons au même Dieu. Mais pas tout à fait de la même manière. D'ailleurs, je vous avais dit que les juifs n'avaient pas accepté Jésus pour trois raisons. Voici la troisième : Jésus disait d'aimer même ses ennemis. Souvent, j'ai discuté avec des juifs et j'ai constaté ceci : les chrétiens disent qu'il faut toujours pardonner (ils ne le font pas toujours, loin de là, mais enfin c'est ce qu'ils disent et ce qu'ils devraient faire), tandis que, pour les juifs, il existe des choses im-par-don-nables. On peut le comprendre aujourd'hui étant donné ce qu'ils ont souffert. Vous savez que Hitler voulait faire disparaître le peuple juif de la surface de la terre et qu'il a fait tuer des millions de juifs. Pardonner un tel massacre est évidemment très, très difficile. Mais même avant Hitler, les juifs pensaient qu'on ne pouvait pas tout pardonner. Pourtant, pardonner, ce n'est pas oublier, ce n'est pas approuver ce qui a été fait. C'est seulement donner une chance à l'autre, à celui qui vous a fait du mal, d'être un peu plus gentil, un peu plus correct ensuite. C'est remettre les compteurs à zéro, si l'on veut. Mais là, il y a une grande différence entre les juifs et les chrétiens. En théorie seulement : parce que des chrétiens qui pardonnent, je n'en connais pas beaucoup.

– *Après les juifs, il y a aussi les bouddhistes.*

– Tiens, pourquoi parles-tu tout à coup des bouddhistes ?

– *Parce qu'on les montre souvent ces temps-ci. A la télé, dans les journaux et ainsi de suite.*

– Oui. Mais le bouddhisme n'est pas une religion. Il n'y a pas de dieu dans le bouddhisme.

– *Et Bouddha alors ?*

– Ce n'était pas un dieu, mais un homme très sage qui disait aux gens de son époque comment faire pour atteindre une sorte d'équilibre, de sagesse, qui permette de supporter les souffrances et les difficultés de la vie. Mais il y a des gens qui pensent qu'on peut être à la fois bouddhiste et catholique, ou protestant.

– *Les protestants, justement ?*

– Les protestants sont des chrétiens, comme les catholiques. Ils croient à peu près la même chose. Ils se sont séparés des catholiques, il y a environ cinq siècles, surtout à cause de l'organisation de l'Église catholique, de sa façon d'être qu'ils n'acceptaient pas complètement. Ils n'avaient pas tout à fait tort. Parce que l'Église, à l'époque, n'était pas toujours belle à voir. Il y avait même des prêtres qui vendaient presque des places au Paradis !

– *Tu veux rire ?*

– Non. Ils appelaient ça des indulgences. Mais, pour revenir aux protestants, ce qu'il y a de bien, c'est qu'ils attachent beaucoup d'importance à la Bible. Tandis que l'Église catholique a ajouté à la

Bible des croyances (qu'elle a déduites de la Bible), qui sont, dit-elle, la conséquence de ce qui est écrit dans la Bible. Ces croyances, elle les appelle des dogmes. Les protestants ne les acceptent pas tous. Mais beaucoup de chrétiens (catholiques, protestants ou orthodoxes) voudraient maintenant se réunir. On appelle cela l'œcuménisme.

– *Et les musulmans ?*

– Ils croient au même Dieu que les chrétiens. Le Dieu dont parle la Bible.

– *Allah et Dieu, c'est la même personne ?*

– Oui. La différence, c'est que les musulmans n'en tirent pas les mêmes conclusions que les chrétiens. Ils ont d'autres règles, d'autres façons de prier, qui sont précisées dans un autre livre saint, le Coran. Et puis, pour eux, Jésus n'était pas Dieu, mais seulement un prophète. Un grand prophète.

– *C'est Mahomet qui est Dieu ?*

– Non. Il n'y a qu'une personne en Allah. Et Allah n'est pas venu sur la terre en la personne de Mahomet. On ne peut même pas le représenter, Allah, par une image, tellement il est différent, très haut. Sur ce point, les musulmans sont proches des juifs. Allah étant si haut, si puissant, les hommes doivent donc lui être entièrement soumis : *islam* veut dire soumission.

– *Et Mahomet, alors ?*

– C'est un prophète, c'est-à-dire, je vous le rappelle, quelqu'un qui parle au nom de Dieu, qui est inspiré par lui. Et, pour les musulmans, c'est le plus grand des prophètes.

Mais je constate que, tout à l'heure, quand j'ai parlé des orthodoxes, vous ne m'avez rien demandé. Il est vrai que les orthodoxes sont assez rares en France. En revanche, ils sont très nombreux dans l'Est de l'Europe.

– *Qu'est-ce qu'ils croient, eux ?*

- Ils croient au même Dieu que les catholiques et les protestants. Ils sont même très proches des catholiques. Mais ils sont en désaccord sur l'importance donnée au rôle du pape. Et surtout, au lieu de chercher à expliquer Dieu par des discussions, des livres…

– *Comme nous.*

– … ils pensent qu'on peut trouver mieux, se rapprocher davantage de Dieu en priant plus, seul ou lors de grandes et belles cérémonies.

– *Ce n'est pas mal, cela.*

– C'est même très bien.

– *Oui, mais ce n'est pas facile de prier Dieu. On répète toujours la même chose.*

– Je peux peut-être vous donner un conseil. Il faut parler à Dieu, le soir, comme à quelqu'un que l'on aime beaucoup : on lui raconte ce qu'on a fait dans la journée, les pensées qui ont traversé notre cerveau, nos joies, nos soucis, nos peines. Et puis…

– *Et puis quoi ?*

– On lui dit des mots d'amour.

Mes remerciements vont d'abord, bien sûr, à mes petits-enfants qui ont vraiment contribué à l'élaboration de ce livre, mais aussi à leurs parents, à mon épouse qui m'encourage et me supporte, et enfin à Mme Marguerite Despature dont les conseils et l'expérience m'ont été d'une grande aide. Cela dit, ce livre, bien entendu, n'engage que moi.

J. D.

Du même auteur

ROMANS

La Grande Triche, *Grasset, 1977*
Une voix, la nuit, *Grasset, 1979*
La Rumeur de la ville, *Grasset, 1981*
Maria Vandamme, *Grasset, 1983*
Prix Interallié
Alice Van Meulen, *Grasset, 1985*
Au début d'un bel été, *Grasset, 1988*
Catherine Courage, *Grasset, 1991*
Laura C., *Grasset, 1994*
Théo et Marie, *Robert Laffont, 1996*

BIOGRAPHIES

Saint Éloi, *Fayard, 1985*
Jean Bart, *Le Seuil, 1992*

ESSAIS

Les Catholiques français sous l'Occupation
1966, nouvelle édition, Grasset, 1986
Les vents du Nord m'ont dit, *Albin Michel, 1989*
Jésus, *Flammarion-DDB, 1994*
Le Dieu de Jésus, *Grasset-DDB, 1977*
Le Bonheur en 36 vertus, *Albin Michel, 1999*